AF289633

Patrick Aigner

Coburg
Café - Betrachtungen

Herstellung und Verlag:
BoD – Books on Demand, Norderstedt
ISBN 978-3-8482-5777-5

1.
Sie hatte ihre Jacke, die zwei Handschuhe und den Schal über den Stuhl neben ihm gelegt. Wieder war es Dienstag, und eigentlich wollte sie schon längst nicht mehr hier sein. Alles ist ihr zum Ekel geworden. Nun aber setz dich doch bitte hin, sagt er. Er, das war Henry. Henry war für Sybille so etwas wie ein väterlicher Freund. Vielleicht wäre da sogar mehr drin gewesen, musste sie manchmal denken. Henry, fast 20 Jahre älter als Sybille, war das, was man früher wohl einen Lebenskünstler genannt hätte. Henry konnte man fragen. Henry konnte man nach fast allem fragen. Es gab in den Themenbereichen, die man im Allgemeinen in Cafés und Bars abhandelt, nicht wirklich etwas, das er nicht wusste.

Henrys Augen machten Sybille groß, so empfand sie es. Er machte, allein dadurch, dass er mit ihr sprach, aus ihrem Leben, das für sie keines war, fast so etwas wie einen französischen Erzählerfilm mit langsam wechselnden Bildern. Ein wenig zu weich gezeichnet, fand Sybille, doch nicht wirklich unangenehm.

Sie setzte sich und sah Henry dabei zu, wie er, am neuen Bushalteknoten vorbei, hinüber zum Theater blickte. "Blickte" - Ja, bei Henry passt dieses "blickte", dachte Sybille. Manchmal machte es den Eindruck, als würde da irgendetwas, irgendeine Energie, irgendeine für sie fremde Macht, zu ihm sprechen. Sybille ließ ihn gewähren, und war nun das, was sie immer war, wenn sie Henry begegnete: erstaunt. Er ist viel jünger als ich, dachte sie. Er ist auf eine geheimnisvolle Weise nicht gealtert. Sicher, die Falten, sicher, der Mann da neben ihr ist keine dreißig mehr.

Ein knapp Sechzigjähriger, mit einem Gesicht, das niemals erwachsen werden wird. Nicht verschmitzt, und doch hat es gerade davon etwas. Knabenhaft, dachte sie manchmal. Auf Henry passen alle diese alten Worte. Man könnte ihn sich ohne größere Probleme in ein Nordengland des 19. Jahrhunderts träumen. Auf einen weit abgelegenen Landsitz mit Büchern und Büchern und Büchern und Rum. Ja, Henry und Bücher, das schien zusammenzugehören. Als Gott Henry machte, da... Nein, so wird das nichts, es muss anders herum lauten. Als Gott die Bücher machte, erschuf er sich dazu Henry. Was wären alle Bücher der Welt ohne Henry? Was wären für sie alle Bücher der Welt ohne Henry? Henry war für sie die Eintrittskarte, nein, das Eingangstor, in diese andere Welt gewesen. Und doch wird ihr jetzt immer öfter klar, dass Henry selbst einen anderen Eingang benutzte. Benutzen musste. Er war anders, er kam anders, ja, er kam anders aus ihnen heraus - aus diesen Büchern. Vielleicht, so dachte sie, kommen die Bücher aus Henry heraus.

Die Busse vor dem Fenster fuhren hinaus in die Vororte, in die umliegenden Gemeinden. Das ist nicht auszuhalten. Hier in Coburg geht es grade. Gerade noch. Dieses Coburg hat in seinem Kern etwas, das man normalerweise bei so einer kleinen Stadt nicht vermuten würde. Dieses Coburg trägt in sich eine Freiheit, eine Weite. Sicher, auch eine dunkle Energie, aber auch eine Weite. Eine uralte Tücke, diese ganze Vestestadt. Ginge es nach Sybille, wäre die Bedeutung, die direkte Übersetzung des Wortes "Coburg" - uralte Tücke. Coburg bedeutet auch Härte. Mitten in solch einer lieblichen, hügeligen Gegend, dachte Sybille, diese zu Stein gewordene Aggression. Aber Coburg ist nicht überall gleich. So viele unterschiedliche Ecken. So viele unterschiedliche Schwingungen. Ja, heute müsste man wohl dieses Wort benutzen, Schwingungen. Es passt aber nicht ganz. Es wird dem nicht gerecht. Wenn ich mit dem Finger in eine leere Glühbirnenfassung... nein, es ist nicht richtig, das Schwingungen zu nennen.

Ohne Coburg wäre Henry auch nicht zu erklären. Er kam immer wieder. Er kam immer wieder wieder. Es kam einmal vor, dass Sybille Leute über Henry sprechen hörte. Das hatte sie sich sicher nicht so gewünscht. Seine unverhohlene Abneigung gegen jede Art von geregelter Arbeit, sein scheinbar so sorgloses Leben gerade auf diesem Hintergrund, schien die Leute zu verunsichern und gaben zu mancher Spekulation über unerschöpfliche Geldquellen oder gar kriminelle Machenschaften Anlass. Sybille saß damals am Nebentisch und hatte sich eigentlich so schön in das Bild der Kreuzung Mohrenstraße – Seifartshofstraße verloren. Hier war sie schon oft gesessen. Als ihre Kinder noch klein waren, als sie noch in dem lebte, was man eine feste Partnerschaft nennt. Ja, es war sogar eine Ehe. Was ist davon geblieben? Zwei erwachsene Töchter und der Blick auf die Kreuzung in der Mohrenstraße. Die Leute, diese Coburger am Nebentisch, hätten sie schreiend machen müssen, dachte Sybille. Sie hätte aufstehen sollen und ihnen in ihre Gesichter brüllen, aber sie tat es nicht. Sie tat es damals nicht, und sie würde es heute nicht tun. Dass diese Leute überhaupt über Henry sprechen dürfen, dass sie es sich überhaupt herausnehmen können, seinen Namen in den Mund zu nehmen, ist schon ein Witz Gottes.

Aber, Gott lacht immer, so sagt Henry. Manchmal spricht er auch von Kreuzen, an die man besser genagelt werden sollte, aber das muss ich nicht haben, vielleicht noch nicht haben, dachte sie.

2.

Ja, zwei Kaffee, groß. Nein, keine Sahne, aber wenn wir etwas Süßstoff haben könnten? Henry war ihr jetzt zugewandt. Was seine Augen da wohl übertragen? Egal was es ist, mir ist es mehr wert als alles, was ich seit dem letzten Treffen mit ihm erlebt habe. Henry bringt ein ganzes Zimmer mit, ein ganzes Café, diese ganze Stadt. Ich merke es immer, wenn ich ohne Henry hier bin. Er bringt all das, fast würde ich sagen, die ganze Welt, aus sich heraus. Ja, auch wenn ich alleine hier bin, ist da eine Welt. Da ist auch immer alles. Häuser, Nachrichten, Radiomoderatoren im Hintergrund, der ganze Zirkus eben. Aber es ist anders. Um wie viel mit Henry, durch Henry, alles anders ist, werde ich keinem je erklären können. Es ist eine Zumutung Gottes, Tag für Tag ein Leben führen zu müssen, fernab von einer Welt, die durch Henry gegangen ist. Durch Henry zu mir gekommen ist. Will ich wirklich diese Stadt verlassen? Henry verlassen? Diesen Mann, den ich vielleicht sieben Mal im Jahr auf zwei, drei Stunden im Café treffe? Henry würde mich nicht besuchen kommen. Er würde sagen, den Teufel werde ich tun. Und er würde es so sagen, dass ich ihm nicht bös sein kann, weil ich weiß, dass irgendwas in mir ihn versteht - irgendetwas in ihm versteht.

Die letzten zwei Jahre hier waren für mich kaum zu ertragen. Die Leute, die ich einmal kannte, manche als Freund wahrnahm, verabschiedeten sich aus meinem Leben. Manche starben, manche kannte ich nicht mehr wieder, und manche warfen mir vor, dass sie mich nicht wiedererkennen würden. Wie sehr sie damit recht haben, ist schwer zu sagen. Richtig ist, dass es mir so vorkommt, als würde ich weniger als je zuvor wissen. Es fällt mir immer schwerer, zu was auch immer, irgendeine Meinung zu äußern, irgendein verlässliches Statement abzugeben. Wie weit ich für das normalste Gespräch zu mir zurückgehen muss, wie weit ich, nur um etwas Small Talk mit einer Schulfreundin zu haben, von mir weggehen muss...

All das lastet auf mir. All die Anstrengung, die ich aufbringen muss, um soziale Kontakte zu pflegen, drückt mich nieder. Sie drückte mich so weit nieder, dass ich es aufgab. Ich ließ es einfach gehen, mich um ein Leben zu kümmern, in dem ich mir vormachen kann, dass es das meine ist. Heute ertappe ich mich manchmal dabei, dass ich mich freue, dass meine Kaffeemaschine mit mir zusammenwohnt. Ich werde wohl nicht mehr dicht sein. Ich ziehe wohl falsch Luft, wie mein Exmann sagen würde. Falsch Luft! Das wird es wohl sein.

3.

Was habe ich nach all den Jahren noch hier zu suchen? Was hält mich noch hier? Was hat mich damals, damals als die Jugend auch schon vorbei war, hier gehalten? Sybille will hier weg. Sybille will hier raus. Von Coburg zieht man nicht weg, aus Coburg will man raus... und geht dann doch nicht. Sie könnte recht haben mit ihrem Wunsch nach einer anderen Stadt. Nach einer größeren Stadt. Coburg ist doch immer die verkleidete größere Stadt. Zumindest dann, wenn man sich nicht zu arg mit denen einlässt, die in ihr wohnen. Nein, mit den Leuten, die einem bei jedem Fest hier vor die Füße fallen, darf man sich nicht einlassen, wenn man ein Leben leben will. Ein Leben, das von dem, was vielleicht einmal gut und schützenswert in einem selbst war, wenigstens noch einen winzig kleinen Rest behält. Coburg muss dem, den ich einen Menschen nennen würde, auf eine seltsame Weise immer fremd bleiben. Auch wenn man hier geboren wurde. Auch wenn man hier sein ganzes Leben gelebt hat. Auch wenn man in der Zeit, in der man nicht hier war, doch soviel mehr hier gewesen ist, als in der anderen, der neuen Stadt. Vielleicht sogar mehr hier, hier in Coburg gewesen ist, als damals, als man noch, wie selbstverständlich, hier gelebt hat.

Wie oft ist mir diese Stadt fremd geworden? Wie oft bin ich zurückgekommen und habe nichts von dem wiedergefunden... Nichts! Heimzukommen in eine fremde Heimatstadt. Nicht heimkommen zu können. Aus der Fremde in die Fremde der eigenen Heimatstadt zu kommen. Das reißt eine Trostlosigkeit auf, der man sich nicht mehr entziehen können wird. Dann wird es immer Anfang bleiben, auch wenn man es lange nicht will, dass es jemand anderes sehen kann. Nein, das darf nicht gesehen werden. Wer oder was ist man denn, wenn das bei einem zu erkennen ist?

4.

Henry war still da gesessen. Einmal ist er aufgestanden, zeigte mir ohne ein weiteres Wort der Erklärung seine Zigarettenschachtel und ging vor die Tür, um zu rauchen. Bisher haben wir noch nicht gesprochen. Zu was sollte das auch gut sein, das Reden? Das, was Henry und ich haben, das was ich an Henry habe, wird weder mehr noch weniger durch Worte.

Als er zum Rauchen ging, strich er mir über die Schulter. Niemals wird es jemandem möglich sein, in Worten das zu sagen, was ein einfaches über die Schulter streichen ist - was das einfach ist. Nein, es war auch nicht einfach. Es war viel, viel mehr. Diese Berührung sagte, dass alles in seinem Nicht-ok-sein ok ist. Jetzt ok ist. Diese Berührung ist das Zeichen, das sich zwei zum Tode Verurteilte geben, als den immer wieder letzten Abschiedsgruß. Der eigentlich gar nicht mögliche Versuch, sich aus zwei, völlig von einander abgekapselten Universen heraus, zu berühren. Fingerspitze an Fingerspitze über diesem ewigen Abgrund, dieser Scheußlichkeit, die sich menschliches Leben nennt. Wie alles verändernd kann es doch sein, wenn sich zwei, die längst aufgehört haben, diesen Abgrund zu verleugnen, an ihm vorbei zu leben, sich in die Augen sehen. Es ist das totale Wunder! Denn es ist eigentlich nicht vorgesehen - und doch geschieht es. Möglichkeiten und Wahrscheinlichkeiten, Tatsachen und dieser ganze restliche Unsinn wissenschaftlicher Weltanschauung, treten in dem Moment in den Hintergrund, in dem dieses Wunder geschieht.

5.

So alt ist diese Stadt. Einmal konnte ich durch ihre Gassen gehen. Durch Gassen längst vergangener Tage. Sicher, es war nur ein Traum.

Zu einem anderen Träumen musste ich mich niemals schlafen legen. Zum durch-die-Gegend-Träumen. Das durch-die-Gegend-Träumen ist eine Kunst, beinahe nicht zu erlernen und doch so einfach. Als Voraussetzung sollte man nur eines mitbringen: das Gespür für dieses Andere. Meines Erachtens nach gibt es hier in Coburg drei Möglichkeiten des Einstiegs: Erstens, der Raum, der vor der Stadtbebauung hier war. Zweitens, das Durchscheinen der alten Stadt und drittens, das Coburg im Himmel.

Das Coburg im Himmel - das klingt wahr, auch wenn der Kopf vielleicht manchmal etwas anderes sagen möchte. Ja, dieses Coburg gibt es zweimal. Hat es immer schon zweimal gegeben. Mindestens zweimal. Das Coburg, nach dem ich suchte, war immer das Coburg im Himmel. Mittlerweile ist es sehr einfach geworden. Mittlerweile kann ich mich entscheiden, von Moment zu Moment, in welchem Coburg ich leben will, ich mich leben will. Nun endlich, nach all den Jahren, habe ich diese Entscheidung - wenn ich sie habe. Das ist doch schon was.

Manchmal denke ich, dass die, die früher in der Ketschengasse, dort wo die Kuhgasse beginnt, am Brunnen tranken, mehr von diesem Coburg im Himmel wussten. Manchmal denke ich auch, dass die, die unten sind, die, die immer mit der Bedrohung leben, von dieser glitzernden Unwirklichkeit aufgefressen zu werden, mehr von diesem Coburg im Himmel wissen. Und einige der Alten wussten das auch. Nun bin ich selbst alt. Nun könnte man mich fragen. Nun, da ich sah, was ich sah, und von all dem Gesehenen ohne das geringste Begreifen zurückgelassen worden bin, könnte ich reden. Und ich möchte reden. Und ich möchte, dass mir der zuhört, der es weitertragen wird. Der, der dafür geboren ist – auch dafür geboren ist. Der, für den ich es die ganze Strecke über getragen habe. Damit nun er es trägt. Solange bis er alt ist, und es dann an einen Nächsten weiter gibt. Es wäre schön, wenn es so wäre. Und keine dieser Zeilen würde ich schreiben, hätte ich die Hoffnung darauf verloren.

6.
Henry, willst du nicht mitkommen? Dieser Satz, ohne Vorwarnung hinein in das Schweigen gesprochen. Und doch so selbstverständlich. So als wäre es vor vierhundert Jahren zwischen ihnen ausgemacht worden, grade jetzt, grade heute, gerade in dieser Minute, diesen Satz zu sprechen. Henrys Augen lagen auf mir. Sie umfingen mich. Henry, ich könnte diese Wohnung bekommen. Ich bräuchte nur noch "ja" zu sagen. Er wird nicht "ja" sagen. Selbst wenn er es könnte, könnte er es nicht. Er wird bleiben. Ob ich nun gehe oder nicht. Henry, überlege es dir doch einmal wirklich.

Berlin, Kreuzberg, Oranienstraße, nur ein paar Meter zum Heini, zu deinem Heini.

Nun umfangen seine Augen mich nicht mehr. Es scheint fast so, als ob er aus der Stille in eine weitere, noch tiefere Stille abgetaucht ist, seine Augen sagen - abtauchen musste. Vielleicht hätte ich das nicht so sagen sollen. Er hatte ja eh gewusst, dass ich gerade dorthin wollte. Wir hatten vorgestern auch kurz geredet. Sahen uns zufällig, am Lohgraben, hinter der Post. Nein, so hätte ich ihm nicht zu kommen brauchen. Etwas Hilfloses, etwas das keinen Platz mehr für eine Person lässt, füllt nun diesen Körper. Vielleicht täusche ich mich auch. Es steht immer fifty-fifty, dass ich mich täusche. Was Henry betrifft, stehen meine Chancen auf ein endgültiges Recht haben eher schlechter. Mit Sicherheit. Sein Oberkörper führt fast unmerklich ein Kreisen aus. Fast wie ein Tanz. Er kann nichts sagen. Ich spüre, er kann es nicht. Ich hätte ihn nicht so angehen sollen, ich hätte es besser wissen müssen, habe es besser gewusst.

7.
Dass es diese Tür gibt, wusste Henry schon lange. Diese eiserne Bodenklappe. Oben, in der Leopoldstraße, nicht weit von der Schenke entfernt. Die Stadtschenke, eine Kneipe einst, voll von Bodenklappen in andere Welten und auch hinein in die tieferen Welten dieser Erdscheibe. Oben in der Leo, so offensichtlich, dass ihn fast niemand wahrnimmt: dieser Eingang. So wie ein direkter Übergang. Du steigst hinunter und findest dich in Kreuzberg, kurz vor dem Heinrichplatz, wieder. Wie seltsam doch die Welt ist. Gänge,

Verbindungen, und wir machen so wenig daraus. Henry wird diesen Eingang nicht nehmen. Nein, ich werde diesen Eingang nicht nehmen. Weil ich Coburg zu sehr liebe? Nein. Weil ich Coburg zu wenig liebe. Ich muss bleiben, um von dieser Stadt hier Luft zu bekommen. Um mir freiere Gedanken zu malen, Gedanken wie aus Bergeinsamkeiten gemeißelt.

In Kreuzberg wäre ich Coburg ganz und gar ausgeliefert. Ich könnte dieser Stadt nicht mehr entkommen. Hier, hier mitten in Coburg, habe ich die Chance dazu. Die Chance auf ein Loslassen dieser Stadt. Ein Loslassen, das mich unter ihr hinwegführen wird. Ein Loslassen, das mich, weit unter ihr, mich selbst finden lässt - was immer das auch bedeuten mag. Bevor Coburg war, ich bin? Wohl nicht mal das.

8.
Würde ich mit Henry zusammenleben können? Zusammen in einer Wohnung leben können? Das wäre die Frage. Ja, ich würde es tun. Ich würde mit ihm zusammenziehen. Ich würde über seine Umständlichkeiten hinwegsehen. Und ich würde mit ihm sein. Aber würde ich mit ihm zusammenleben können? Kann man überhaupt mit einem Menschen zusammenleben, der sich all dem verschließt, was er nicht in seiner Welt haben will? Einem Menschen, für den das Wort "Realität" nur der Name einer weiteren Religion ist? Einer Religion noch dazu, die ihm im höchsten Maße verdächtig erscheint? Henry sagte einmal, dass die Dummheit der Wissenschaft der letzten zweihundert Jahre, die Ungenauigkeiten des über eintausendfünfhundert Jahre davor andauernden

Christentums, vollkommen in den Schatten gestellt
hat. Und ich glaube ihm jedes Wort. Und doch, so
denke ich, ist es schwer, mit Henry zusammen-
zuleben.

Henry wird nie die Erde verlassen können, aus der er
herauf wächst, die ihm die Kraft zum Blühen gibt, die
Kraft, die dieses Herz nährt.
Er würde mir in seinem Verwurzeltsein, eben in diesem, seinem Nichtverwurzeltsein, nicht begegnen
können. Er könnte und würde nicht das Schauspiel
aufführen, das vielleicht überhaupt erst einmal die
Grundlage einer Zweierbeziehung ist. Ich müsste also
zu ihm. Ich müsste zu ihm und das würde heißen, ich
könnte nur ohne mich kommen. Denn da wo er ist, ist
kein Platz für jemanden, den es als Person gibt. Doch,
Platz ist da wohl genug, aber er kann gerade hier niemanden erkennen – niemanden, der ist.

9.
Sybille ist so schön in ihrer Art. Sie weiß gar nicht,
was sie anderen Menschen alleine durch ihre Anwe-
senheit gibt. Hinter ihr strahlt eine Ruhe. Eine Ruhe,
die durch all ihre scheinbaren Unsicherheiten hindurch, auf der Oberfläche glitzert und funkelt. Sie ist
schön und fest. Ein wenig von dieser Ruhe hätte mir
auch gut getan. Mir, der ich immer zu eckig war. Immer zu spitz. Immer etwas zu schrill. Ist Sybille im
Raum, scheint sie sich über mich zu legen. Scheint
sich ihre Ruhe auf mich auszudehnen. Nur dadurch,
dass sie da ist, geschieht etwas, nach dem ich doch nie
gefragt hatte: Heilung.

Nein, Heilung war nicht mein Thema. Mein Thema war Wahrheit. Wahrheit und Heilung schienen immer in gegensätzliche Richtungen zu laufen. Ich folgte der Wahrheit, weil ich glaubte, weil ich heute noch glaube, dass die Wahrheit mich zur Wahrheit führen wird. Ja, das war der Zauberspruch meines Lebens, meine Religion, meine größte Hoffnung: Die Wahrheit wird mich zur Wahrheit führen. Heute, da ich zumindest nach Jahren alt bin, muss ich mir eingestehen, dass ich die endgültige Wahrheit nicht gefunden habe. Und sollte ich sie doch gefunden haben, dann ist sie so was von anders, als ich sie mir hätte vorstellen können - damals! Damals, als ich mit diesen seltsamen Büchern meinen Weg begann. Meinen Weg dahin, wo ich jetzt stehe, sagt mir der Verstand. Doch das alles ist nicht mehr so klar, wie es auf den ersten Blick scheint. Losgelaufen sein, angekommen sein - all das passt nicht. Was hat man gelernt? Hat man als Allerletztes, als Allerhöchstes, vielleicht gelernt, dass man eben genau das ist, was man von Anfang an dachte, das man ist? Keine hinzugelogene Quelle? Keine hinzugelogenen Welten? Und vor allem nicht diese hinzugelogene mystische Welt? Der Verstand kann alle Arten von Fragen stellen, so auch diese. Nur... kommt er damit irgendwo an? Bringt es ihn an den Platz, an dem er Ruhe finden könnte?

Es ist auch alles so nicht wahr. Wie lange bin ich denn noch fähig, in dieser, nennen wir es mal Normalo-Welt, zu bleiben? Laufe ich draußen durch die Stadt, durch mein Coburg, dann geht das nur noch für Minuten. Läuft ein Fernseher, der große Erschaffer der Normalo-Welt, verlasse ich das Zimmer. Weil ich mich nicht ablenken will? Nein, beileibe nicht. Ich habe nichts gegen Ablenkungen. Alle Ablenkungen der Welt führen mich doch nur wieder dahin, wo ich scheinbar hingehöre. Ein laufender Fernseher zwingt mich aus dem Zimmer, weil er alles eng macht in meiner Brust. So als würden mir zwei starke Hände irgendetwas zusammenpressen. Und von weiter unten steigt dieses Eis hinauf. Es gefriert sich von über dem Bauchnabel hinauf zum Herzen. Nein, ich würde Fernsehen schauen. Und wenn ich mir wieder mal eine Flasche Jägermeister gönne, dann werde ich das auch tun: schauen. Denn dann kann es gehen, ging es manchmal... Gott...

10.
Henry kramte in seiner Umhängetasche an der Stuhllehne herum. Aus einem Buch, dessen Titel ich nicht erkennen konnte, holte er einen Zettel heraus und faltete ihn auf. Richtig! Henry und ich hatten es zu so etwas wie einer lieben Gewohnheit gemacht, uns gegenseitig auf Gedichte zu antworten. Vor lauter Umzugsplänen und Umzugszweifeln hatte ich den meinen zu Hause liegen lassen. Henry schob mir also den Zettel über den Tisch, auf dem ich oben mein Gedicht geschrieben hatte:

Man kann so herrlich Straßen träumen

Man kann so herrlich Straßen träumen
Wenn man die zwanzig noch erreicht
Wenn man die Jugend überlebt hat

Ich sag es euch

Man sollte
Die Jugend
Nicht Überleben

Als ich es fertig geschrieben hatte, war ich in Gedanken sofort bei Henry. Ja, das war wirklich ein Gedicht
von Henrys Sybille. Von einer Sybille also, die es nur
durch Henry gab. Aber was ist denn in mir, was von
alledem, das mir an mir gefällt, das nicht von Henry
ist? Das sicher schon immer in mir war, doch durch
Henry zum Klingen gebracht wurde? Henry ist und
war der Schlüssel zu mir, das ist mir längst klar geworden. Er zieht mich in mir groß und ich wünschte
mir manchmal, es wäre mehr. Es wäre alles. Nun also
Henrys Gedicht, Henrys Antwort auf mein Gedicht:

Zu meiner Schand

Zu meiner Schand gestehe ich
Dass ich die Jugend überlebte
Was früher in der Wahrheit bebte
War Wahrheit nicht, doch mir war's mehr

Zu meiner Schand gestehe ich
Dass ich nicht einen Schritt vorankam
Und hundertfach der Wahrheit auskam
Nicht zielend voll daneben ging

Zu meiner Schand gestehe ich
Dass mir der richt'ge Arm oft matt war
Vom Lügenhunger niemals satt war
Einst gerne lügensatt und rund

Zu meiner Schand gestehe ich
Hätt jede Abbiegung genommen
Durch jeden Fluss wär fortgeschwommen
Um mir nur selber zu entgehn

Zu meiner Schand gestehe ich
Dass in des Findens großer Zeiten
Ich mir nur wünscht' mich würd begleiten
Ne Kugel in das Nichts vom Nichts

Zu meiner Schand gestehe ich
Dass ich die Jugend überlebte
Was früher in der Wahrheit bebte
War Wahrheit nicht, doch mir war's mehr

Zu meiner Schand gestehe ich
Heut meine Brötchen back ich kleiner
Sie liegen vor dir und mir feiner
Gebacken aus - was Traum wohl ist

Oh Gott, das ist mehr als eine Antwort. Ist es nicht ein Liebesgedicht? Ein Geständnis seiner Liebe an mich? Oh Gott, oh Gott, ich weiß es nicht. Sie liegen vor dir und mir feiner - Gebacken aus - was Traum wohl ist. Meine Hände beginnen zu zittern. Schnell den Zettel auf den Tisch legen. Zettel? Wie kann ich das, was da vor mir liegt, nur Zettel nennen? Mag es sein, was es ist, was da vor mir liegt - eine Liebeserklärung, keine Liebeserklärung, eine Liebeserklärung irgendeiner anderen Art. Eines ist auf jeden Fall klar: Etwas, das mich so berührte, hat mir noch nie ein Mann geschrieben. Mein Kopf ist voll und dreht sich. So voll, doch keinen Gedanken kann ich halten. Ich kann doch nicht mitten im Café laut "Henry" schreien. Und gerade danach wäre es mir. Nur jetzt nichts falsch machen. Nur jetzt nicht ein für alle Mal alles versauen. Henry, geliebter Henry. Mein geliebter Henry. Oh, Gott was mach ich nur. Ich lese es noch einmal. Vielleicht finde ich dann die Worte, die es braucht, ich lese...

Henry würde diese Einladung, dieses Sie liegen vor dir und mir feiner - Gebacken aus - was Traum wohl ist nicht einfach so gedankenlos aussprechen. Dazu ist er viel zu vorsichtig. Viel zu gewandt im Umgang mit Frauen. Viel zu scheu, aber das wissen die wenigsten. Henry, verdammt noch mal, was soll das? Du wusstest doch das mit Berlin. Das mit meinem Umzug? Henry! Verdammt! Und du wusstest doch auch, dass du nicht mitkommen würdest. Oder warst du im Zweifel? Hast du dir ernsthaft überlegt, mit mir zu kommen? Mit mir, oh Gott, mit mir?

11.

Wenn man an Markttagen, in den ersten Morgenstunden, sich dem Marktplatz durch die Spitalgasse nähert, weiß man, warum man hier geblieben ist. Wenn man nach einer durchzechten Nacht fast schon wieder so was wie nüchtern geworden ist, sich nüchtern getrunken hat, dann ist plötzlich alles klar. Dann liegt plötzlich alles klar ausgebreitet vor mir. Die eisernen Bodenklappen Coburgs, diese Ein- und Übergänge, ermöglichen nicht nur Ortswechsel. Nein, da gibt es noch andere Wege. Hier vor dem Marktplatz, rechts, dicht an den Häusern der Spit, da ist einer, der dich zwanzig, dreißig, vierzig Jahre zurückschießt. Zurückschießt in denselben Ort hinein. Und dann stehst du wieder da. Der Markt, eine einzige, große Meditation. Er war damals Treffpunkt. Treffpunkt für Leute, die da tranken. Treffpunkt für Leute, die sich ihre Tage durch Pillen, und alles Mögliche andere aus der Giftküche, versüßten. Versüßten, daran starben - das aber erst ein wenig später.

Das erste, was man lernt, ist, dass man nicht daran sterben darf. Egal, was man tut in seinem Leben. An erster Stelle steht das Überleben. Das Überleben wird hier großgeschrieben. Ich habe überlebt. Ich habe das Überleben großgeschrieben. Doch, welchen Preis bezahlte ich dafür? Was ist das für ein Leben, das das Überleben großschreibt? Ein Leben, das nicht siegt. Man verliert schon im Kleinen, wenn man den großen Kampf vermeidet. Man hat schon verloren, wenn man sich seinem Gegner nicht stellt. Und der Gegner ist immer in einem selbst. Die Wände des Pferchs kommen auf einen zu, wenn man in Ruhe gelassen werden will von der Welt. Gerade dann, wenn man sich zurückziehen will, unter dem Tisch verkriechen will, gerade dann kommen die Wände. Dann kommen die Bäume des Waldes gelaufen. Für Feigheiten habe ich heute keine Zeit mehr. Ich werde sie mir nicht mehr antun. Niemals wieder werde ich mir meine Feigheiten antun. Der Preis dafür ist zu hoch - und die letzte Tür steht immer offen.

12.

Henry, sage mir, wo überall hast du dich in diesem Coburg stehen lassen? Wo überall stehst du, von dir selbst vergessen, vernachlässigt, in der Gegend rum? Henry, sammle dich doch auf! Sammle all die Henrys an all den Ecken der Stadt zusammen. Bringe jeden Einzelnen heim aus dem Morgen vor dem Kindergarten, in den du nicht hinein wolltest, vor dem du solche Angst hattest. Bringe Henry heim von all den Schlachtfeldern, deinen Schlachtfeldern dieser Stadt. Sammle dich, Henry. Sammle dich auf. Lass dich doch nicht auf ewig da draußen erfrieren. Was sagst du da? Sie wollen alle stehen bleiben, wo sie stehen? Ach Henry, sie wollen nur, dass du bleibst mit ihnen, nur ein wenig stehen bleibst neben ihnen. Nein, sie brauchen es nicht, dass du dich vor sie stellst und sie brauchen es nicht, dass du hinter ihnen stehst. Allerdings, wegtragen werden sie sich von dir auch nicht lassen. Henry, nimm dir die Zeit und sei mit ihnen. Für jedes Jahr, das du sie da draußen hast stehen lassen, sagen wir, zehn Minuten? Wäre das nicht fair? Sag du es mir Henry! Wäre das nicht wenigstens einen Versuch wert? Nicht weil es dir vielleicht etwas bringt, sondern weil du es ihnen einfach schuldig bist? Henry, du kannst mir doch erst danach antworten, kannst du das nicht sehen? Deine Antwort wird doch erst eine echte Antwort sein, wenn du bereit bist, sie nicht mehr alleine zu lassen. Ach Henry, so sehr würde ich auf dich warten, wie lange auch immer es dauert. Aber du wirst da nicht hingehen. Du verläufst dich, verträumst dich, und versuchst doch ständig in das einzudringen, was du mit den Füßen von dir wegstößt. All das möchte ich dir sagen, aber ich kann es nicht.

Du würdest durch mich hindurchsehen, in dieses ewig andere Land, das dir zur Heimat geworden ist. Nein, schlimmer noch, der Blick dorthin ist dir zur Heimat geworden. Dein Schmerz würde dich in dich hinein zementieren, und doch würdest du dir jeglichen Zugriff auf ihn verweigern. Henry, sag es mir! Ist es dieses Land wert? Ist es dieses Land wert, einen solch hohen Preis zu zahlen? Oh ja, ich weiß. Von da, wo du stehst, sieht es anders aus. Da ist es nicht mehr wichtig, ob dem Henry da oben etwas weh tut, oder nicht. Die große Freiheit sollte es sein. Aber Henry, die große Freiheit ist auch der große Tod. Und was kann das für eine Freiheit sein, die nur ist, wenn du nicht bist?

13.

Sybille schaut mich an, als würde sie es nicht wissen. Als würde sie nicht wissen, dass es seit den frühsten Tagen abgemacht war, dass ich im Alter dort sitzen werde. Dort oben. Oben im Hofgarten auf einer Bank. Mein Staunen darüber, dass es einfach so eintrifft, wie ich es mit mir ausgemacht, wie ich es mir ausgemalt habe, ist grenzenlos. Der Hofgarten ist die Antwort auf diese Stadt, und an guten Tagen ist die Stadt die Antwort auf dieses, mein Paradies auf Erden. Der Hofgarten ist der schönste Platz der Welt. Er ist mein Eingang in alle Bücher der Welt. Er ist das Letzte, was man gerade noch in Worte fassen könnte - mit einem Bein schon in dem da drüben, dem da drunter, dem davor: Er ist das zum Park gewordene "ICH BIN".

Niemals wurde ich damit fertig, ihm zuzuhören. Durch ein ganzes Leben, durch Zweierbeziehungen und Vater sein hindurch, immer wieder über den Schlossplatz hinauf gezogen werden. Der Hofgarten ist eine Welt für sich. Er ist sich selbst nicht ähnlich. Der Bereich auf den Arkaden ist nicht im Ansatz mit dem Spielplatz weiter oben zu vergleichen. Das Veilchental ist aus einem anderen Universum, als die Sitzecke um den Herzog Alfred Brunnen.

Wie leicht könnte man an alle dem vorbei gehen? So wie Ausflügler, die an Sonntagnachmittagen sich hier oben ihre Beine vertreten. So ein wenig Wachs für die Ohren hat man doch meist in der Tasche. Der Hofgarten spricht und flüstert zu einem. Er erzählt dir Lieder von dir, die du längst vergessen hattest. Er erinnert dich an dich und ja, er erinnert sich an dich. Aus ihm kann man kommen. Aus ihm heraus kann man leben, kann man schreiben, kann man, wenn es wirklich einmal so weit kommen sollte, wohl in das letzte "Hinüber" gehen.

--- Ende ---

Dank

Monika, dir vielen Dank für das Cover Foto und die Korrekturarbeit. Für das Helfen, meine Texte bekannt zu machen und dafür, dass du immer für mich ansprechbar warst - ohne das wäre ich wohl nicht zum Schreiben fähig.

Amina, dir vielen Dank für die Gespräche - auch für das eine etwas lautere. Vieles aus dem Gesagten ist hier in den Text eingeflossen. Ich danke dir für deine Nähe und für all das Wohlwollen, das sich sanft um mich legt. Auch danke ich dir, dass ich bei dir den für mich besten Platz zum Schreiben gefunden habe. Für die Korrekturarbeit danke ich dir sowieso...

Nicole, dir vielen Dank für deine Korrekturarbeit. Für all die Nerven, die du brauchst, um mit solch einem Vater zurechtzukommen. Und gelacht dabei!

Nadja, dir vielen Dank für das fast tägliche Besprechen der Texte, für deine Ehrlichkeit und immer wieder für die Mutigkeit deines Blickes, um den ich dich manchmal beneide.

Ich möchte mich auch bedanken bei all denen, die mir bei Facebook, Amazon und anderswo halfen, mein erstes Buch "Kartschevco" bekannt zu machen. Stellvertretend für alle anderen, kann ich hier nur ein paar Namen nennen: Gabi, Pavlos, Margitta und Franzi.
Für all das Mut machen der besonderen Art, habe ich auch noch einem Freund der besonderen Art zu danken: Stephan - danke für alles, du schlimmste aller Nervensägen!

Kontakt:

www.mondlichttraeger.de